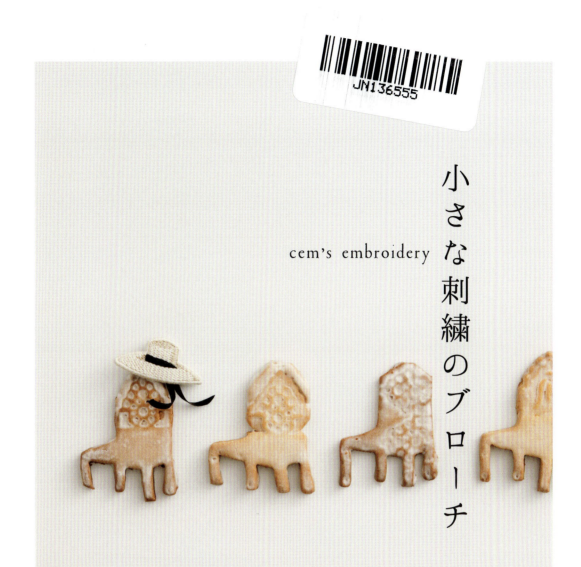

cem's embroidery

小さな刺繡のブローチ

立原チエミ

message

フェルトを土台に、1針1針丁寧に刺しゅうを施して作る小さなブローチ。キャンドルやセーター、麦わら帽子など、絵本のワンシーンのような物語を感じるモチーフは、手にとるたびに心が和み、身に着けるだけで日々の暮らしを豊かにしてくれます。

　糸の本数やステッチの組み合わせを自由に変えたり、淡い色だけで刺してみたり……。フェルトを隙間なく刺し埋めて、細やかなステッチを幾重にも重ねていくことで、木彫や陶器のような立体感が生まれ、いつもとはひと味違った雰囲気に仕上がります。

　本書では、定番のデザインに新作を加えた38点のブローチに、小物をプラスして見ごたえのある一冊に。普段使いはもちろん、フォーマルな装いにも使えるシンプルでかわいいモチーフがいっぱいです。

　フェルトに直接刺繍をするので、ほんの少しコツがいりますが、無心になって手を動かす楽しさを、この本を通じて、少しでもみなさまにもお伝えできれば嬉しいです。

フェルトにちくちくステッチをして
キャンドルのブローチを作りましょう

作品 > p.14
design, how to make > p.36, 46

1.

フェルトに型紙を写し、カットします

2.

チェーンステッチで縁どりを

3.

変わりフレンチノットステッチで
立体感をプラス

4.

スプリットステッチで背景を刺し埋めます

5.

燭台とキャンドルをステッチ

6.

革にブローチピンを縫いとめ
裏に貼ればでき上がり

糸の本数やステッチの組み合わせで
陶器や木彫のような立体感を表現

この本に関する質問はお電話・WEBで
書名／小さな刺繍のブローチ
本のコード／NV70790
担当／石上
TEL 03-3383-0634（平日13:00～17:00受付）
WEBサイト「手づくりタウン」　https://www.tezukuritown.com
＊サイト内"お問い合わせ"からお入りください（終日受付）。

＊本書に掲載の作品を複製して販売（店頭・Web・イベント・バザー・個人間取引など）、有料レッスンでの使用を含め、金銭の授受が発生する一切の行為を禁止しています。個人で手づくりを楽しむためにのみご利用ください。

contents

2	messgage
4	フェルトにちくちくステッチをしてキャンドルのブローチを作りましょう
8,10	knitwear　ニット帽 / セーター / ミトン
9	mittens　ミトン
10,11	knitwear　ニット帽 / セーター / ミトン
12,13	sweater / cardigan　セーター / カーディガン
14	candle　キャンドル
15	cross　クロス
16,17	animals in stories　灰色オオカミ / トナカイ / 白馬 / フクロウ
18,19	historia（イストリア）　ブローチ
20,21	historia（イストリア）　バングル
22	straw hat　麦わら帽子
23	shoes　靴
24	swan　白鳥
25	house　おうち
26	wildflower　ワイルドフラワー
27	garden flower　ガーデンフラワー
28-30	message ribbon　メッセージリボン
30,31	purse　巾着
32	from atelier
34	how to make　刺繍をするための道具 / 布に図案を写すための道具 / 材料について / ブローチを仕上げるための道具
36	lesson 1　キャンドルのモチーフ（p.14/C）を刺してみましょう
39	lesson 2　セーターのモチーフ（p.13/b）を刺してみましょう
40	lesson 3　麦わら帽子（p.22）の刺し方のポイント
40	lesson 4　文字（p.28-31）の刺し方のポイント
41	図案と作品の作り方

アラン模様のセーターにおそろいのニット小物を添えて。

knitwear ニット帽 / セーター / ミトン   design, how to make > p.39,42,44

耳元でゆらゆら揺れる、小さなミトンの耳飾り。

  mittens　ミトン　design, how to make > p.44

p.11より

p.8より

冬の足音が聞こえてきたら
そろそろ冬支度を始めましょう。

knitwear　ニット帽 / セーター / ミトン　design, how to make > p.45

a

お気に入りのニットが一緒なら、寒い冬もあたたかく過ごせそう。

sweater / cardigan　セーター / カーディガン
design, how to make > p.39, 42

タートルネックにカーディガン…。今日はどれにしようかな？

キャンドルの炎には、心を癒やす不思議な力があるみたい。

candle　キャンドル　design, how to make > p.36, 46

冬の朝。街路樹に降り積もる雪にそっと祈りを込めて。

cross　クロス　　design, how to make > p.48

しんと静まり返った夜の森。かくれんぼをしているのは誰？

animals in stories 灰色オオカミ / トナカイ / 白馬 / フクロウ　　design, how to make > p.49-52

耳をすませば、動物たちの
おしゃべりが聞こえてきそう。

いくつものステッチが地層のように重なって、物語が生まれます。

イストリア
historia ブローチ design, how to make > p.54

c

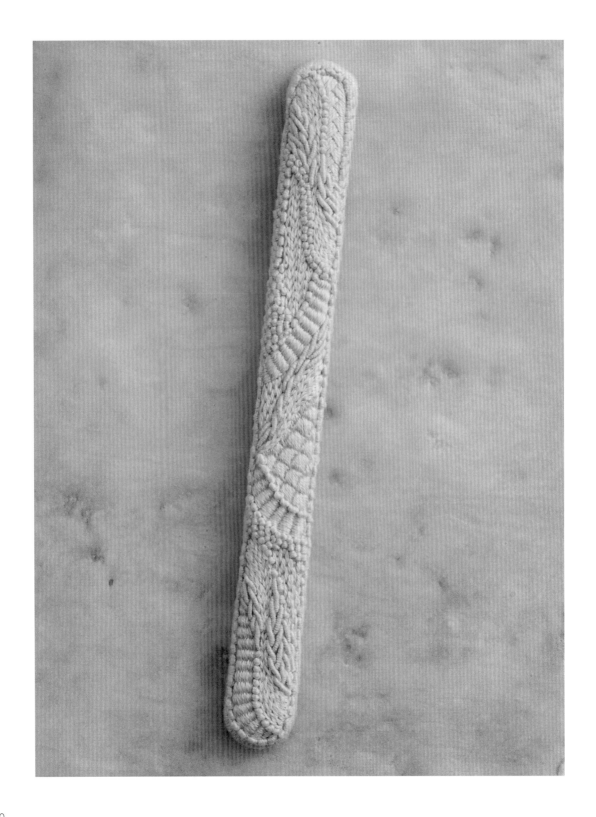

イストリア
historia　バングル　design, how to make > p.55

連綿と続く糸の重なり。
私だけの物語を身にまとう幸せ。

大きなリボンのストローハットは、夏の日のまばゆい思い出。

straw hat　麦わら帽子　design, how to make > p.40, 56

ブーツ、ハイヒール、トウシューズ…。少女の憧れを詰め込んで。

shoes 靴 design, how to make > p.58

冬になるとやって来る、白い羽のあの子。今年も会えるかな？

swan　白鳥　　design, how to make > p.53

森のはずれにひっそりとたたずむ家。窓明かりを道しるべに。

house　おうち　design, how to make > p.59,67

そよ風に香る小さな野の花をそっと集めて花束に。

wildflower　ワイルドフラワー
design, how to make > p.60

ビオラ、スズラン、カモミール…。春の花を集めて。

garden flower ガーデンフラワー
design, how to make > p.62

裂き布のリボンにさりげなくメッセージを添えて。

message ribbon　メッセージリボン　design, how to make > p.40,63

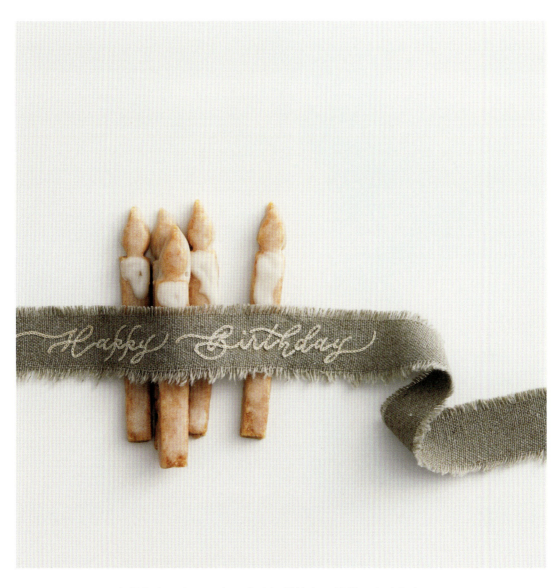

大切なあの人へ。まっすぐに届けたい言葉のおくりもの。

p.28,29より p.31より

お気に入りを詰め込んだ小さな巾着は、幸運を呼ぶおまもり。

purse　巾着　design, how to make > p.40, 64

母の日、カフェの日、
刺繍の日——
ものづくりは自分を切り替える
スイッチのような存在です

café

キッチンカウンター越しに眺める
アトリエの風景がお気に入り。
店内のディスプレイにも自然素材や
小さな刺繍作品を取り入れて
心和む空間に。

stitch time

家族や友人との会話の中から
ふとアイデアが浮かぶことも。
現在、カフェはお休み中ですが
刺繍のワークショップを
不定期で開催。

work space

週2日だけオープンする
カフェの一角が
私のアトリエ

　夫が営むヘアサロンに併設する形で、週に2日だけオープンするカフェを切り盛りしながら作家活動をするようになって、今年で10年になります。朝、娘を送り出し、家事を終えてからが刺繍タイム。娘が学校から帰ってくるまでの限られた時間を有効活用するために、作業に集中します。

　子育てに家事、カフェと、いくつものことと平行しながらものづくりをしていると、正直、時間がいくらあっても足りません。時には思う存分刺繍ができないことをもどかしく感じることもありますが、"母親業の日"、"カフェの日"、"刺繍の日"と決めたことで、気持ちを上手に切り替えられるようになりました。

　空間の力を借りて上手に気分転換することも、効率アップの秘訣。自分だけの作業スペースが欲しくて、数年前にキッチン横の収納庫をアトリエに改装しました。ツール類はすぐに手に取れるよう、壁に掛けて見せながら収納。糸や布、型紙なども、取り出しやすいように整えて…。お気に入りに囲まれた空間が心を癒やし、モチベーションをアップしてくれます。

　娘の成長とともに時間の使い方やライフスタイルは少しずつ変化していきますが、そういった変化も楽しみながら、これからもマイペースで活動を続けていきたいと思っています。

how to make

実物大

この本で使用した道具や材料について紹介します。
p.36からのレッスンでは、基本的なステッチからきれいに仕上げるコツまで、プロセス写真つきで詳しく解説します。

刺繍をするための道具

A　印つけペン / フェルトに型紙を写したり、図案線を描いたりする時に使用します。水で消えるか、時間が経ったら消えるタイプのものを選びましょう。
B　水筆 / 刺繍が仕上がったあと、印を消す時にあると便利。綿棒でも代用可能。
C　刺繍枠 / 布をピンと張って刺しやすくするための枠で、図案に合わせてサイズを選びます。フェルトに刺す時は使いません。
D　針 / 先のとがった針を使用。図案や糸の本数に合わせて太さを替えましょう。右:フランス刺繍針 No.7(1〜3本どり)、左:刺し子針 細(4〜6本どり)
E　ペンチ / 固くて針が抜けない時や、Cカンを扱う時に使います。
F　裁ちハサミ / 布やフェルト、革を切る時に使います。
G　糸切りハサミ / 糸を切ったり、布に細かく切り込みを入れたりする時に使います。

布に図案を写すための道具

A　手芸用複写紙 / リネンやコットンなどの布に図案を写す時に使います。水で消える片面タイプのものがおすすめ。色は布に合わせて選びます。
B　トレーシングペーパー / 図案を写す時に使います。図案が透けて見えればハトロン紙などの薄紙でも代用可能。
C　セロハン / 図案を写す時、トレーシングペーパーに重ねると滑りがよくなり、図案が破れるのを防ぎます。
D　トレーサー(鉄筆) / 図案をなぞって布に写す時に使います。インクの出なくなったボールペンでも代用可能。

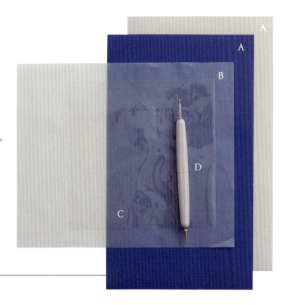

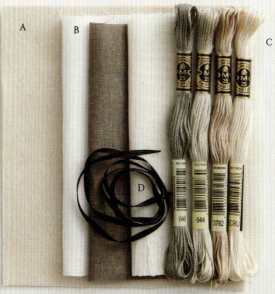

材料について

- A **フェルト（2mm厚）** / ブローチなどの土台として使用。フェルトに直接刺繍をします。
- B **布** / リネンやコットンなどの平織の布。リボンや巾着を作る時にも使います。
- C **25番刺繍糸** / 6本の細い木綿糸をゆるく撚り合わせた糸で、指定の本数を1本ずつ引き抜き、引き揃えて使います。ラベルの数字は色番号を示します。
- D **サテンリボン（3mm幅）** / 帽子や靴の飾りとして使います。
- E **革** / ブローチの裏に貼ります。厚さは好みに合わせて選びましょう。
- F **バングル用ブラス芯** / 自由に曲げられるブレスレット芯金。この本では厚さ1.1mm、幅10×長さ145mmのものを使用。
- G **ブローチピン** / 縫いつけタイプのものを使用。上：2.5cm、下：3cm。大きさは作品に合わせて選びます。
- H **ピアス金具** / 耳元でパーツが揺れるフックタイプがおすすめ。色や種類はお好みで。
- I **9ピン・J Cカン** / パーツ同士をジョイントする際に使います。

ブローチを仕上げるための道具

- A **速乾性ボンド** / 刺繍パーツと革を貼り合わせる時に使います。異素材同士が接着でき、接着部分が目立たない透明タイプがおすすめ。
- B **ヘラ** / ボンドを薄く均一に伸ばしたい時に使います。
- C **木工用ボンド** / 布を裏に折り返し、縁の始末をする時に使用します。速乾タイプがおすすめ。
- D **指カン** / Cカンを開閉する時に、指にはめて使用します。
- E **ピンセット** / 切り込みを入れた布を裏に折り返して、ボンドで貼る時に使います。先の細いものがおすすめ。
- F **ボールペン** / 革に印をつける時に使います。
- G **デザインカッター** / ブローチの裏に貼った革をカットする時に使います。
- H **目打ち** / 革にブローチピンを縫いとめる際、針が通らない場合に使います。
- I **細平筆** / 布にボンドを塗る時に使います。綿棒でも代用可能。

lesson 1

キャンドルのモチーフ（p.14/C）を刺してみましょう

フェルトに直接刺繍をします。
周囲のフレーム部分や背景の刺し方は多くの作品に共通するのでここでしっかりマスターしましょう。

step 1　フレーム部分を刺します

図案>p.46　実物大型紙>p.68

1 フェルトに型紙を写し、カットする。刺繍糸3本どりで、フェルトの裏面を表にひびかないように1針すくう。糸端を0.3cm残して糸を引き、同様にもう1針すくう。

2 しっかりと糸を引き、糸端を固定する。
※この本では玉結びは作らず、常にこの方法で刺し始めます。

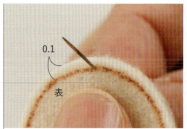

3 表に返し、端から0.1cm内側に針を出す。案内線を描いておくと刺しやすい。

4 印に沿ってチェーンステッチをする。フェルトは布のように一度にすくえないので、針に糸をかける方法ではなく、先に輪を作っておき、その中に針を通すとよい。

5 4の糸を引き、輪を引き締める。1針1針、フェルトの裏までしっかり針を通しながら、印に沿って時計回りに、小さめの針目でチェーンステッチを刺し進める。

6 1周したら、刺し始めの鎖の足に2本一緒に針を通し、最後の鎖を完成させる。

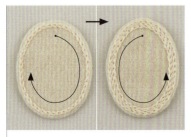

7 内側に2周めを反時計回りに刺す。裏に渡った糸に針を数回通して糸を切る。
※この本では玉どめはせず、常にこの方法で糸始末をします。

8 太い針に替え、刺繍糸6本どりで変わりフレンチノットステッチ（p.70参照）を刺す。チェーンステッチの際から針を出し、引き出した糸の根元に針を添える。

9 針を固定したまま、糸を5回巻く。

10 0.3〜0.4cm（9で巻いた糸の幅）左に針を入れる。

11 糸をしっかり引き、針先で形を整える。バックステッチの要領で1針ずつ戻りながら、時計回りに刺し進める。

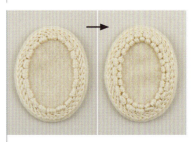

12 先に刺した変わりフレンチノットステッチの内側に、刺繍糸4本どりで、変わりフレンチノットステッチ（4回巻き）をもう1周刺す。

13 細い針に替え、刺繍糸2本どりでフェルトの縁を巻きかがる。裏に渡った糸に針を通し、3の印の裏(刺し始めの位置)から針を出す。

14 チェーンステッチの際に垂直に針を入れ、縁を巻きかがる。糸の引き加減に注意しながら、隙間があかないように丁寧に刺し進める。

15 ぐるりと1周かがり終えたら、裏に渡った糸に針を数回通して糸を切る。

step 2 背景を刺します

16 刺繍糸3本どりで背景を刺す。変わりフレンチノットステッチの際から針を出し、0.5cm左に針を入れる。

17 先に刺した針目に0.1〜0.2cm重ねるように1針返し、糸を割って針を出す(スプリットステッチ)。

18 外側から中心に向かって、反時計回りにぐるぐると背景を刺し埋める。

step 3 燭台とキャンドルを刺します

19 背景をすべて刺し終えたら、p.46を参照し、案内線と下絵を描く。

20 刺繍糸3本どりで、燭台の横のラインをストレートステッチで刺す。中央→左右の順に刺すのが、バランスよく刺すコツ。

21 刺繍糸3本どりで、縦のラインをストレートステッチで刺す。まず中央の燭台の真ん中に1本刺し、内側→外側の順に全部で5本刺す。左右の短い燭台は3本刺す。

22 刺繍糸3本どりで、燭台の下側の横のラインにストレートステッチを2本刺す。裏から針を入れ、中央の燭台の上部の中心から針を出す(糸は割らない)。

23 左半分の糸をすくうように糸の下に針を入れる。

24 5本のストレートステッチを束ねるように右側から糸の下に針を入れ、22と同じ位置に針を入れて裏から針を出す。

lesson 1

25 糸を裏に引き出し、ストレートステッチを5本一緒に縫いとめる。

26 22～25を参照し、中央の燭台の下側と左右の燭台のストレートステッチをそれぞれ縫いとめる。

27 中央の燭台の縦と横のストレートステッチの交点をクロスステッチで縫いとめる。まずは刺繡糸3本どりで裏から針を入れ、ストレートステッチの交点から針を出す。

28 糸をすくうように糸の下に針を入れ、左上から針を出す。

29 右下から糸の下に針を入れ、27と同じ位置に針を入れて裏から針を出す。

30 同様に右上から針を出し、左下から糸の下に針を入れ、27と同じ位置に針を入れて裏から針を出す。

31 刺繡糸3本どりでストレートステッチを3本ずつ刺す。

32 刺繡糸1本どりで、31の上からサテンステッチを刺す。キャンドルの芯の部分にストレートステッチを1本ずつ刺す。

33 刺繡糸2本どりで外側の炎を刺す。レイジーデイジーステッチの要領で輪を作り、下側を2か所縫いとめる。

34 左右のキャンドルにも炎を刺す。

35 刺繡糸1本どりで炎の上部にストレートステッチを刺す。刺繡糸2本どりで炎の内側をストレートステッチで刺し埋め、炎のまわりに1本どりでストレートステッチを長めに刺す。

36 刺繡糸1本どりで、炎のまわりにストレートステッチを短めに刺せばでき上がり。ブローチの仕立て方はp.65参照。

lesson 2

セーターのモチーフ（p.13/b）を刺してみましょう

ここではセーターの模様を
立体的に刺す方法を紹介します。

図案>p.43　実物大型紙>p.66

1 セーターのベースとなる部分を刺し終えたら、p.42の図を参照して、中央にダイヤモンド模様の案内線と下絵を描く。

2 刺繍糸6本どりのストレートステッチで、ダイヤモンド模様の芯を刺す。

3 2の上から刺繍糸2本どりでサテンステッチを刺す。ダイヤモンド模様の交点の重なり方に注意して。刺繍糸4本どりで、◇の中心にフレンチノットステッチ（3回巻き）を刺す。

4 縄模様の交点となる位置に印をつける。

5 太い針に替え、刺繍糸3本どりで縄模様を刺す。衿元のサテンステッチの際から針を出す。

6 バリオンステッチ（10回巻き）を刺す（p.71「フェルトに刺す場合」参照）。

7 半返し縫いの要領で次のバリオンステッチを刺す。1つめのステッチの長さの半分の位置まで戻り、ステッチの右側から針を出す。

8 続けてバリオンステッチ（25回巻き）を刺す。糸を引き過ぎないように注意し、緩めに巻くのがコツ。ステッチを押さえながらゆっくりと針を抜き、ステッチを整える。

9 縄模様がつながって見えるように意識しながら、バリオンステッチ（25回巻き）をくり返し刺す。最初と最後は10回巻き。それ以外は25回巻き。

10 反対側にもバリオンステッチを刺す。

11 バリオンステッチの外側に、刺繍糸6本どりで変わりフレンチノットステッチ（6回巻き）を刺す。

12 刺繍糸6本どりで、袖にチェーンステッチを下から上に向かって刺す。

lesson 3 麦わら帽子（p.22/e）の刺し方のポイント

図案＞p.57　実物大型紙＞p.69

1 麦わら部分は刺繍糸2本どりで。まずはベルトより上の部分をバックステッチで刺し埋める。端から0.1cm内側に、案内線を描いておくと刺しやすい。

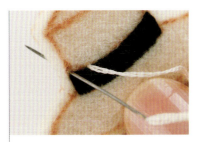

2 左端の案内線より1針分内側から針を出し、1針戻る。

3 同様に、ベルトに沿って左から右へとバックステッチを刺す。

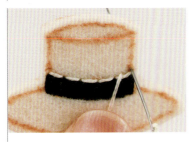

4 次の列は右から左へと刺し進める。右端の印より1針分内側から針を出し、1針戻る。

5 レンガを積み上げるようなイメージで、半目ずつ針目をずらしながら、すべての面を刺し埋める。

6 トップクラウンをアウトラインステッチで刺し埋め、ストレートステッチで影を刺す。縁はp.37の**13～15**を参照して巻きかがる。リボンを貼ればでき上がり。

lesson 4 文字（p.28-31）の刺し方のポイント

実物大図案＞p.63, 64

1 文字は刺繍糸1本どりで。刺し始めの位置に裏から針を入れ、糸端は長めに残しておく。

2 できるだけ小さな針目でチェーンステッチを刺す。

3 針目が不揃いになった時は、針穴の部分を使って針目を整える。

4 刺し終えたら、裏に渡った糸に数回針を通す。

5 糸端を0.2～0.3cm残してカットする。刺し始めも同様に始末する。

6 英文など曲線の多い文字は、できるだけ細かく刺すと、なめらかな刺し上がりに。

how to make

図案と作品の作り方

図案の見方と注意点

・この本ではすべての作品にDMC25番刺繍糸を使用しています。
・Sはステッチの略。（ ）の中の数字は糸の本数を表します。
・ステッチ名のあとの数字またはアルファベットは、DMC25番刺繍糸の色番号です。
・図中で特に指定のない数字の単位はcmです。

・フェルトに図案を写す際は一度にすべてを写さずに、工程ごとに図案を見ながら手描きで写します。
　布に図案を写す際は、手芸用複写紙を使いましょう。
・本書では主にフェルトを使用しているため、一般的なステッチと刺し方が異なる場合があります。
　詳しくはp.36〜40と、p.70-71「この本に出てくるステッチの刺し方」を参照してください。
・フェルトに刺繍をする際、実物大型紙はコピーをして厚紙に貼り、線に沿ってカッターでカットしておくと、
　くり返し使えて便利です。フェルトに型紙を当て、印つけペンで周囲をなぞって写します。
・実物大型紙は裁ち切りで使用してください。
・糸の引き加減によってフェルトが変形したり、刺し縮みしたりするため、
　型紙と同じ大きさにならない場合があります。
　糸の引き過ぎに注意しながら刺しましょう。また、時々手で引っ張って形を整え、
　バランスをみながら図案を調整しましょう。
・刺し重ねていくうちに針が抜けにくくなってきたら、ペンチを使います。
　その際、けがをしないよう充分に注意しましょう。
・図案のフレンチノットステッチとバリオンステッチの個数や本数は目安です。
　バランスをみながら調整してください。

セーター / ガーディガン > p.8, 12, 13

本物のニットのように、編み目の方向を意識しながら刺します。ステッチごとに刺繍糸の本数を変え、立体的に仕上げましょう。

DMC25番刺繍糸
ECRU(p.8、b・c・d)、644(a・e) ※各2束

その他の材料(1個分)
フェルト(2mm厚) 生成10×10cm
革 10×10cm
ブローチピン 長さ3cm 1個

*実物大型紙はp.66

作り方 ※p.39も併せてご参照ください
1 フェルトに型紙を写し、カットする
2 端から0.1cm内側に、巻きかがりの案内線を描く
3 袖口・首まわり・裾にリブを刺す
4 チェーンステッチ(2本どり)を下から上に向かって刺し、すべての面を埋める
5 中央のダイヤモンド模様を刺す(b・d・e)
6 残りの模様を刺す
7 袖の模様を刺す(b・d)
8 周囲を巻きかがる
9 ブローチに仕立てる ※p.65参照

d クルーネックセーター

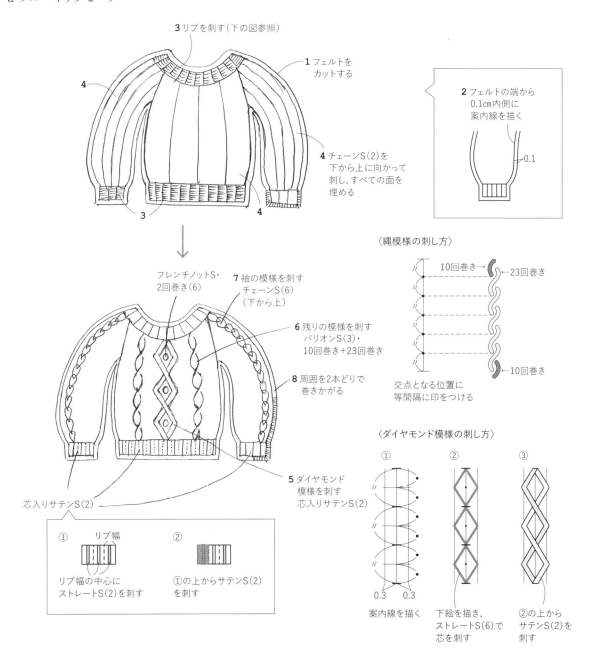

p.8 Vネックセーター

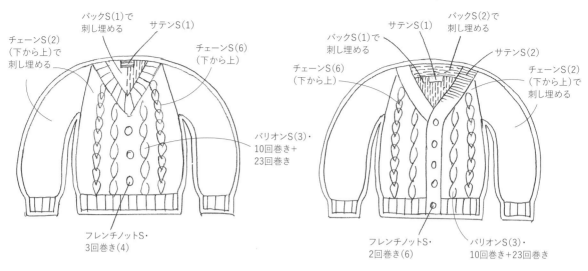

b タートルネックセーター

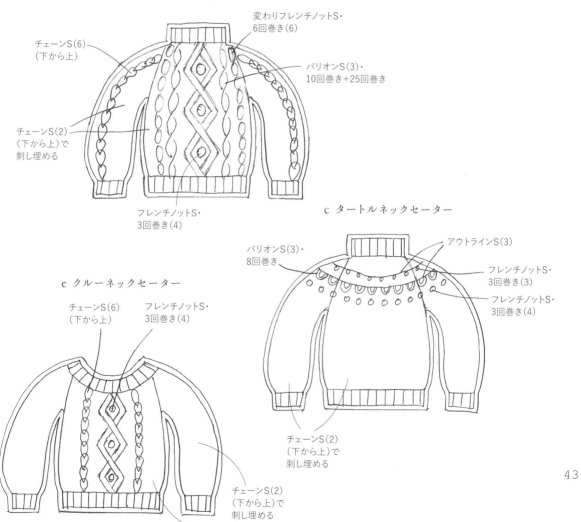

ニット帽 > p.8

DMC25番刺繍糸
ECRU

その他の材料
フェルト（2mm厚）　生成5×5cm
革　5×5cm
ブローチピン　長さ2cm　1個

＊実物大型紙はp.66

刺し方はp.39のセーターと同じ。
頂点に向かってカーブを描くように刺していきます。

作り方　※p.39も併せてご参照ください
1　フェルトに型紙を写し、カットする
2　端から0.1cm内側に、巻きかがりの案内線を描く
3　刺繍をする　※p.39，42参照
4　周囲を巻きかがる
5　ブローチに仕立てる　※p.65参照

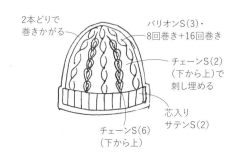

ミトン > p.8-10

DMC25番刺繍糸
ECRU

その他の材料
布　白10×10cm
ピアスまたはイヤリング金具　1組(p.9のみ)

＊実物大型紙はp.66

基本の刺し方はニット帽と同じですが、布に刺繍をします。
左右対称になるように表裏1組ずつ刺し、縫い合わせます。

作り方　※p.39も併せてご参照ください
1　布に型紙を写す
2　刺繍をする　※p39，42参照
5　縫い代をつけてカットし、カーブに切り込みを入れる。
6　縫い代にボンドを塗り、裏に折り込む
7　パーツ金具を縫いとめ(p.9のみ)、表裏を外表に縫い合わせる

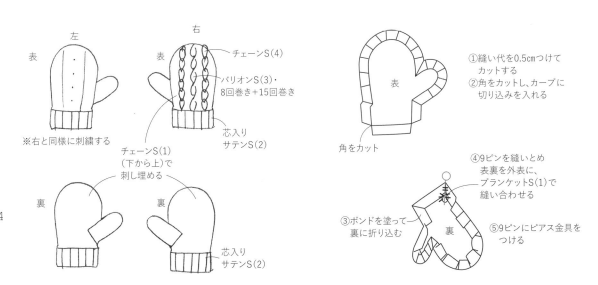

ニット帽 / セーター / ミトン > p.11

基本の刺し方はp.39のセーターと同じですが、
各パーツを別布にそれぞれ刺してから、土台布に縫いとめます。
刺繍枠やフレームに入れて飾っても。

DMC25番刺繍糸
ECRU　※2束

その他の材料(1個分)
土台布(ダブルガーゼ)　白25×25cm
別布(目の細かいもの)　15×15cm

*実物大型紙はp.66

作り方 ※p.39も併せてご参照ください
1　別布に型紙を写す
2　刺繍をする　※p.39, 42参照
5　縫い代をつけてカットし、カーブに切り込みを入れる。
6　縫い代にボンドを塗り、裏に折り込んで貼る
7　各パーツを土台布に縫いとめる

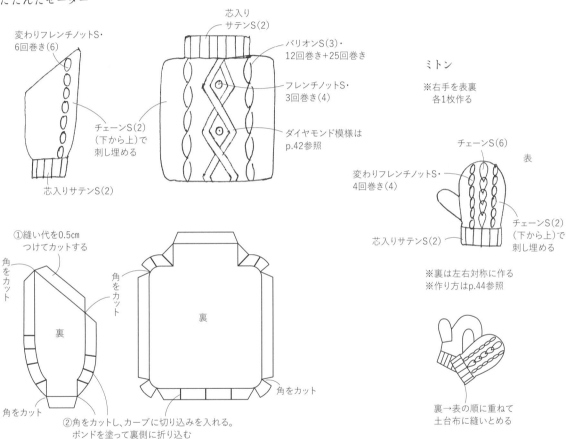

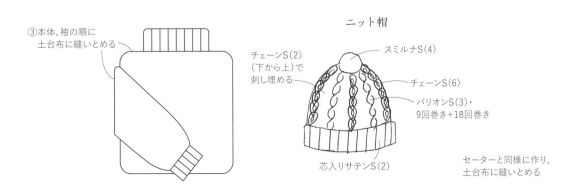

キャンドル > p.14

フレーム部分や背景の刺し方は、この本で紹介する多くの作品に共通します。
p.36のプロセスページを参照しながら、基本の刺し方をしっかりマスターしましょう。

DMC25番刺繍糸
ECRU、646、3046、3782

その他の材料（1個分）
フェルト（2mm厚）　生成10×10cm
革　10×10cm
ブローチピン　長さ3cm　1個

＊実物大型紙はp.68

作り方 ※p.36も併せてご参照ください
1 フェルトに型紙を写し、カットする
2 端から0.1cm内側に、巻きかがりの案内線を描く
3 案内線の内側にチェーンステッチを刺す
4 フレームの飾りを刺す
5 周囲を巻きかがる
6 背景を刺す
7 燭台とキャンドルを刺す
8 ブローチに仕立てる　※p.65参照

※色は、ノレームはECRU、背景は646

a
変わりフレンチノットS・4回巻き(4)
変わりフレンチノットS・3回巻き(3)
スプリットS(3)で外側から中心に向かって刺し埋める
※b・cも同様に
2本どりで巻きかがる
チェーンS(3)
※外側は時計回り、内側は反時計回りで刺す

b
変わりフレンチノットS・4回巻き(4)
2本どりで巻きかがる
チェーンS(3)

c
変わりフレンチノットS・4回巻き(4)
変わりフレンチノットS・5回巻き(6)
2本どりで巻きかがる
チェーンS(3)

〈下絵の描き方〉

a
中心に案内線を描き
キャンドルと燭台を描く

b

c

〈燭台とキャンドルの刺し方〉 ※cの刺し方はp.36参照

燭台　※色はすべて3782

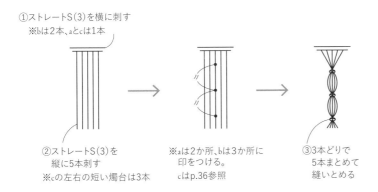

キャンドル

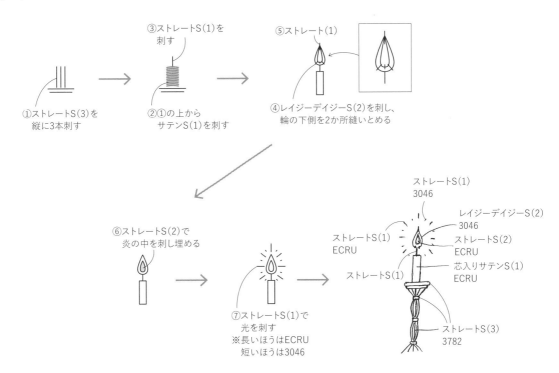

クロス > p.15

p.18のhistoriaをクロスモチーフにアレンジしました。
短時間で完成できるから、気軽にチャレンジしてみて。

DMC25番刺繍糸
ECRU、3782　※aは2束

その他の材料(1個分)
フェルト(2mm厚)　生成　a 10×10cm、b・c・d各5×5cm
革　a10×10cm、b・c・d各5×5cm
ブローチピン　a 長さ3cm、b・c・d長さ2.5cm　1個

*実物大型紙はp.67

作り方
1　フェルトに型紙を写し、カットする
2　端から0.1cm内側に、巻きかがりの案内線と模様の仕切りの線を描く
3　案内線の内側にアウトラインステッチを刺す(dはチェーンステッチ)
4　3の内側に変わりフレンチノットステッチを刺す
5　実物大型紙の仕切り線を参考にしながら、残りの模様を刺す
6　周囲を巻きかがる
7　ブローチに仕立てる　※p.65参照

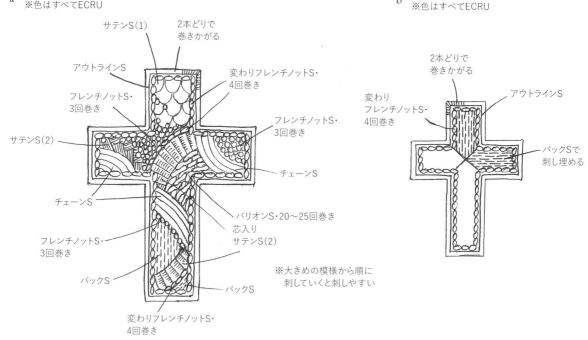

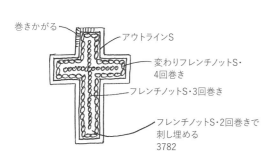

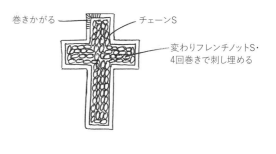

灰色オオカミ　>p.16

顔、胴、脚、しっぽは、ブロックごとに
毛並みの方向を意識しながら刺します。

DMC25番刺繍糸
ECRU、646

その他の材料
フェルト（2mm厚）　生成10×10cm
革　10×10cm
ブローチピン　長さ3cm　1個

作り方
1　フェルトに型紙を写し、カットする
2　端から0.1cm内側に、巻きかがりの案内線を描く
3　鼻以外のすべての面を刺し、周囲を巻きかがる
4　鼻を刺し、鼻の周囲を巻きかがる
5　口、牙、目、影、しっぽと背中の模様を刺す
6　ブローチに仕立てる　※p.65参照

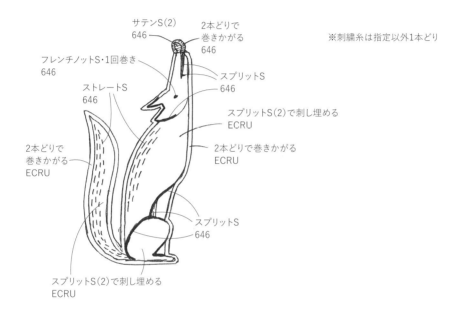

※刺繍糸は指定以外1本どり

実物大型紙

49

トナカイ > p.17

顔、胴、脚は、ブロックごとに輪郭を刺してから、
内側に向かってぐるぐると刺し埋めます。
角はつけ根から外に向かって広がるように刺しましょう。

DMC25番刺繍糸
ECRU、646、3782

その他の材料
フェルト(2mm厚)　生成10×10cm
革　10×10cm
ブローチピン　長さ3cm　1個

作り方
1　フェルトに型紙を写し、カットする
2　端から0.1cm内側に、巻きかがりの案内線を描く
3　角と蹄を刺し、周囲を巻きかがる
4　顔、胴、脚を刺し、周囲を巻きかがる
5　耳、目、鼻を刺す
6　ブローチに仕立てる　※p.65参照

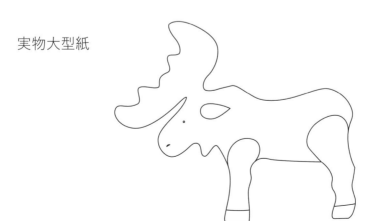

※刺繍糸は指定以外2本どり
※色は指定以外ECRU

実物大型紙

白馬 > p.17

顔、胴、脚は、ブロックごとに輪郭を刺し、
毛並みや筋肉の流れを意識しながら刺し埋めます。
たてがみはセーターのリブと同様、芯入りストレートステッチに。

DMC25番刺繍糸
ECRU、646、3782

その他の材料
フェルト(2mm厚)　生成10×10cm
革　10×10cm
ブローチピン　長さ3cm　1個

作り方
1 フェルトに型紙を写し、カットする
2 端から0.1cm内側に、巻きかがりの案内線を描く
3 たてがみ、しっぽ、蹄を刺し、周囲を巻きかがる
4 奥側の脚と耳を刺し、周囲を巻きかがる
5 顔、胴、手前側の耳と脚を刺し、周囲を巻きかがる
6 目と鼻を刺す
7 ブローチに仕立てる　※p.65参照

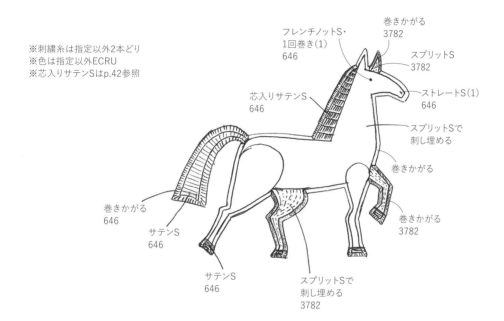

※刺繍糸は指定以外2本どり
※色は指定以外ECRU
※芯入りサテンSはp.42参照

実物大型紙

フクロウ > p.17

型紙を写す際、顔、頭、羽、おなかの模様など、
仕切りの線も一緒に描き写しておくと、きれいに刺せます。

DMC25番刺繍糸
ECRU、3023、3790

その他の材料
フェルト（2mm厚）　生成10×10cm
革　10×10cm
ブローチピン　長さ3cm　1個

作り方
1 フェルトに型紙を写し、カットする
2 端から0.1cm内側に、巻きかがりの案内線を描く
3 顔→頭と羽→おなかの順に刺す
4 目とくちばしを刺す
5 周囲を巻きかがる
6 ブローチに仕立てる　※p.65参照

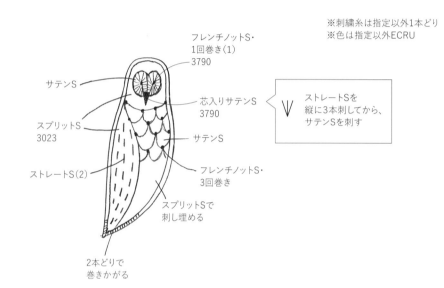

※刺繍糸は指定以外1本どり
※色は指定以外ECRU

実物大型紙

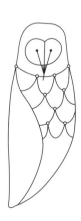

白鳥 > p.24

頭・首・胴は毛並みを意識しながらなめらかに。
羽は刺繍糸の本数を変えながら
上部中央が高くなるように立体的に刺します。

DMC25番刺繍糸
ECRU、844、3023

その他の材料
フェルト（2mm厚）　生成10×10cm
革　10×10cm
ブローチピン　長さ3cm　1個

作り方
1　フェルトに型紙を写し、カットする
2　端から0.1cm内側に、巻きかがりの案内線を描く
3　羽→頭・首・胴→くちばしの順に刺す
4　周囲を巻きかがる
5　鼻・目を刺す
6　ブローチに仕立てる　※p.65参照

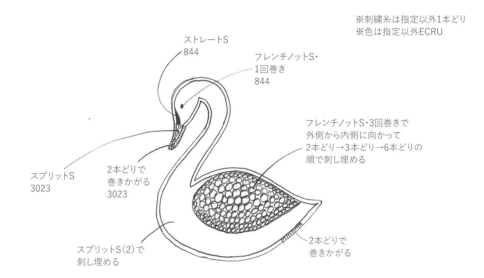

※刺繍糸は指定以外1本どり
※色は指定以外ECRU

実物大型紙

historia（イストリア）　ブローチ　> p.18, 19

"historia"は「歴史」や「物語」という意味のスペイン語。
ステッチを自由に組み合わせて、心の赴くままに針を動かしましょう。
大きめの模様から順に、バランスをみながら刺していきます。

DMC25番刺繍糸
ECRU（a・b）、3782（c）　※a・cは2束

その他の材料（1個分）
フェルト（2mm厚）　生成　a・c10×10cm、b5×5cm
革　a・c10×10cm、b5×5cm
ブローチピン　a・c長さ3cm、b長さ2.5cm　1個

*実物大型紙はp.68

作り方
1 フェルトに型紙を写し、カットする
2 端から0.1cm内側に、巻きかがりの案内線と模様の仕切りの線を描く
3 案内線の内側にアウトラインステッチをぐるりと1周刺す
4 b・cは2の内側に変わりフレンチノットステッチをぐるりと1周刺す
5 実物大型紙の仕切り線を参考にしながら、残りの模様を刺す。
　隙間は調整しながら刺す
6 周囲を巻きかがる
7 ブローチに仕立てる　※p.65参照

※刺繍糸は指定以外3本どり
※色は、a・bはECRU、cは3782

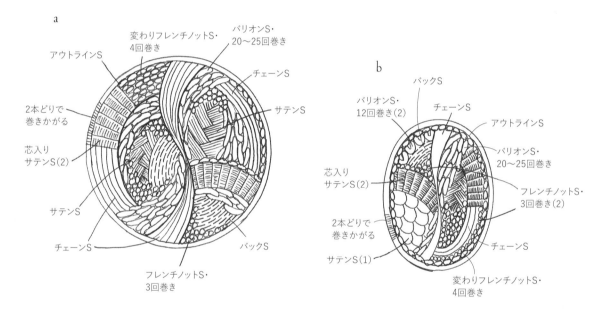

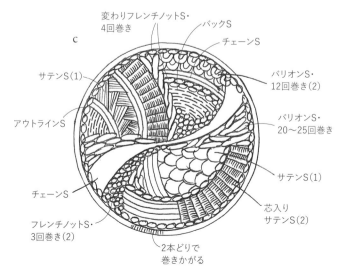

historia バングル > p.20, 21

p.18のブローチをバングルにアレンジしました。
裏にブラス芯やフェルト、革を縫いとめるときは
表にひびかないよう注意しましょう。

DMC25番刺繍糸
ECRU　2束

その他の材料
フェルト（2mm厚）　生成5×20cm
革（厚手）　5×20cm
バングル用ブラス芯　厚さ1.1mm、10×145mm　1個

*実物大型紙はp.68

※刺繍糸は指定以外3本どり

作り方
1 フェルトに型紙を写し、カットする
2 端から0.1cm内側に、巻きかがりの案内線と模様の仕切りの線を描く
3 案内線の内側にアウトラインステッチをぐるりと1周刺す
4 3の内側に変わりフレンチノットステッチをぐるりと1周刺す
5 実物大型紙の仕切り線を参考にしながら、残りの模様を刺す。
　隙間は調整しながら刺す
6 周囲を巻きかがる
7 裏にブラス芯を縫いとめる
8 ひとまわり小さくカットしたフェルトを裏に縫いとめる
9 革をブランケットステッチで縫いとめ、好みのサイズに形を整える

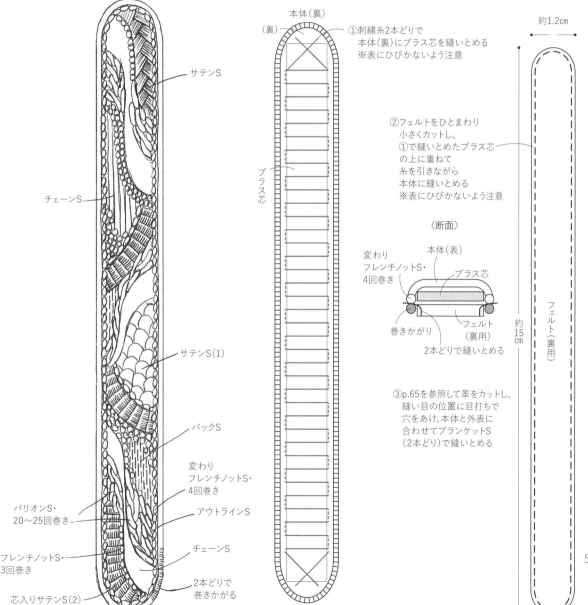

麦わら帽子 > p.22

麦わら部分はバックステッチを半目ずつずらしながら丁寧に刺し埋めます。詳しい刺し方はp.40のプロセスページを参考に。

DMC25番刺繍糸
ECRU、310、3782

その他の材料（1個分）
フェルト（2mm厚）　生成5×5cm
3mm幅サテンリボン　黒　適宜
革　5×5cm
ブローチピン　長さ2.5cm　1個

＊実物大型紙はp.69

作り方　※p.40も併せてご参照ください
1　フェルトに型紙を写し、カットする
2　端から0.1cm内側に、巻きかがりの案内線を描く
3　リボンの部分をサテンステッチで刺す
4　麦わら部分をバックステッチで刺す　※p.40参照
5　影の部分をバックステッチで刺す
6　周囲を巻きかがる
7　リボンを形づくり、ボンドで貼る
8　ブローチに仕立てる　※p.65参照

※刺繍糸は指定以外2本どり
※リボンを貼る位置はp.22参照

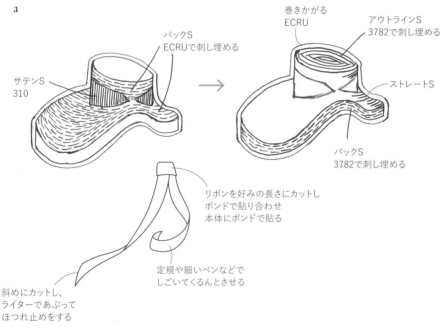

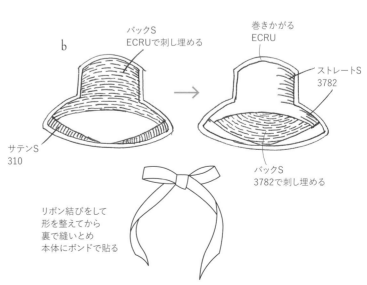

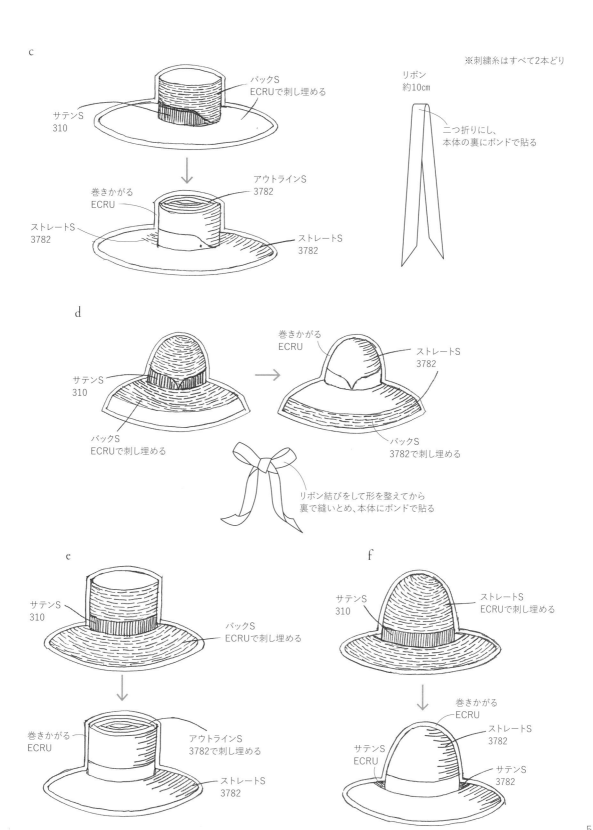

靴 > p.23

ブーツとバレエシューズの足の部分は縦のラインに沿って、
ハイヒールはなめらかな曲線になるように意識しながら
チェーンステッチやスプリットステッチで丁寧に刺し埋めます。

DMC25番刺繍糸
ECRU、310

その他の材料(1個分)
フェルト(2mm厚)　生成
ブーツ10×10cm、ハイヒール・バレエシューズ5×5cm
3mm幅サテンリボン　黒　適宜(バレエシューズ用)
革　ブーツ10×10cm、ハイヒール・バレエシューズ5×5cm
ブローチピン　長さ2.5cm　1個

＊実物大型紙はp.69

作り方
1. フェルトに型紙を写し、カットする
2. 端から0.1cm内側に、巻きかがりの案内線を描く
3. 指定通りに刺繍をする
4. 周囲を巻きかがる
5. バレエシューズはリボンを形づくり、ボンドで貼る
6. ブローチに仕立てる　※p.65参照

※刺繍糸はすべて1本どり

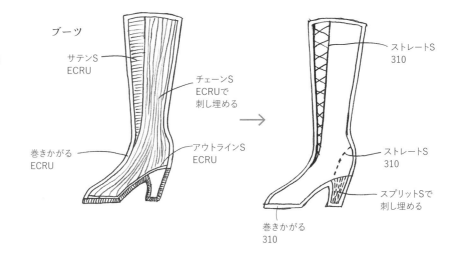

ブーツ
サテンS　ECRU
チェーンS　ECRUで刺し埋める
巻きかがる　ECRU
アウトラインS　ECRU
ストレートS　310
ストレートS　310
スプリットSで刺し埋める
巻きかがる　310

ハイヒール
スプリットSで刺し埋める
スプリットS　310で刺し埋める
巻きかがる　ECRU

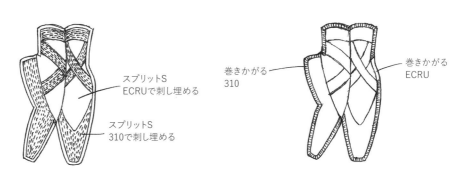

バレエシューズ
スプリットS　ECRUで刺し埋める
スプリットS　310で刺し埋める
巻きかがる　310
巻きかがる　ECRU

※好みでリボンを貼る
作り方はp.56参照

おうち > p.25

繊細な雰囲気に仕上げるため、布に刺繍をして
布端は巻きかがりせずに折り代を裏に折り込みます。
壁面のスプリットステッチを刺してから、各パーツを刺します。

DMC25番刺繍糸
ECRU、646、3781、3828

その他の材料(1個分)
布(目の細かいもの)　白5×5cm
革　5×5cm
ブローチピン　長さ2.5cm　1個

*実物大図案はp.67

作り方
1 布に図案を写す
2 指定通りに刺繍をする
3 折り代をつけてカットする
4 角をカットし、えんとつ部分に切り込みを入れる
6 折り代にボンドを塗り、裏に折り込んで貼る
7 ブローチに仕立てる　※p.65参照

※刺繍糸は指定以外1本どり

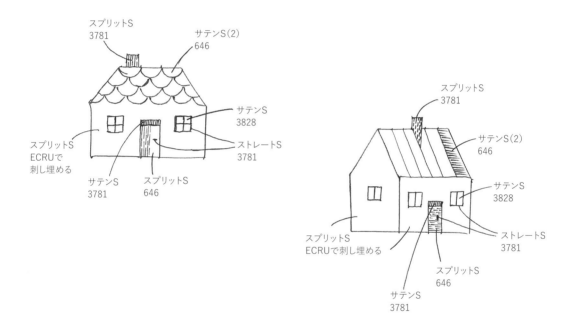

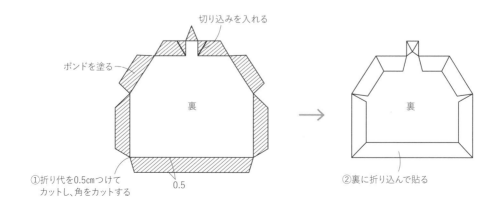

ワイルドフラワー > p.26

ダイヤ形のフレームは、図案に合わせて縦横どちらにも。
フレームの飾りや背景を先に刺してから
花の図案を手描きで写して刺繍をします。

DMC25番刺繍糸
ECRU、612、640、645、3023、3782

その他の材料(1個分)
フェルト(2mm厚)　生成5×10cm
革5×10cm
ブローチピン　長さ3cm　1個

*実物大型紙はp.68

作り方　※p.36も併せてご参照ください
1　フェルトに型紙を写し、カットする
2　端から0.1cm内側に、巻きかがりの案内線を描く
3　案内線の内側にチェーンステッチを刺す
4　フレームの飾りを刺す
5　周囲を巻きかがる
6　背景を刺す
7　花と影を刺す
8　ブローチに仕立てる　※p.65参照

カモミール

※色は、フレームは3023、背景はECRU

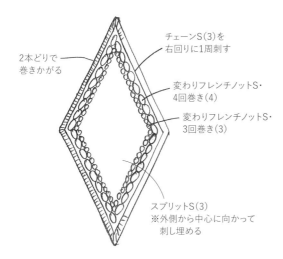

ワスレナグサ

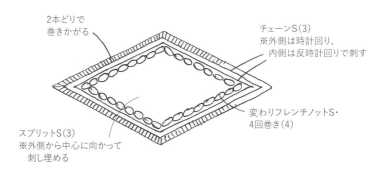

※刺繍糸は指定以外1本どり

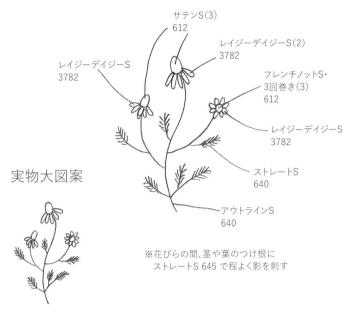

サテンS(3)
612

レイジーデイジーS(2)
3782

レイジーデイジーS
3782

フレンチノットS・
3回巻き(3)
612

レイジーデイジーS
3782

ストレートS
640

アウトラインS
640

実物大図案

※花びらの間、茎や葉のつけ根に
ストレートS 645 で程よく影を刺す

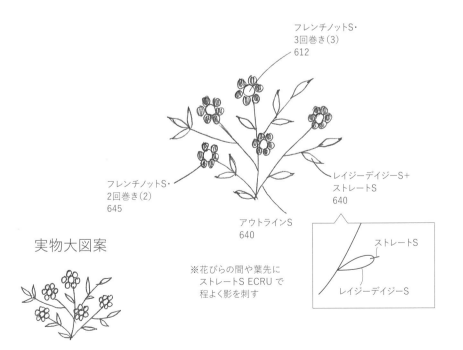

フレンチノットS・
3回巻き(3)
612

フレンチノットS・
2回巻き(2)
645

アウトラインS
640

レイジーデイジーS＋
ストレートS
640

ストレートS

レイジーデイジーS

実物大図案

※花びらの間や葉先に
ストレートS ECRU で
程よく影を刺す

ガーデンフラワー > p.27

フレームの飾りや背景を先に刺してから
花の図案を手描きで写して刺繍をします。
花と背景の隙間に程よく影を刺すと立体感が出ます。

DMC25番刺繍糸
ECRU、612、640、644、645、3046

その他の材料（1個分）
フェルト（2mm厚）　生成5×5cm
革5×5cm
ブローチピン　長さ3cm　1個

＊実物大型紙はp.68

作り方　※p.36も併せてご参照ください
1　フェルトに型紙を写し、カットする
2　端から0.1cm内側に、巻きかがりの案内線を描く
3　案内線の内側にアウトラインステッチを刺す
4　フレームの飾りを刺す
5　周囲を巻きかがる
6　背景を刺す
7　花と影を刺す
8　ブローチに仕立てる　※p.65参照

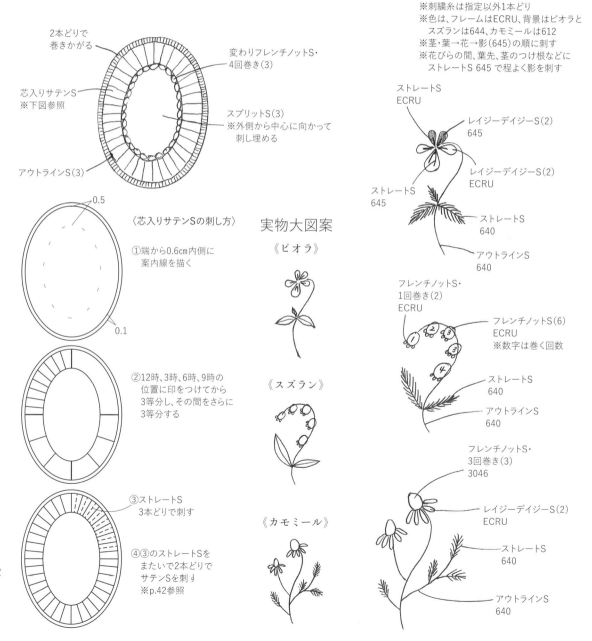

メッセージリボン > p.28-30

刺繍糸1本どりでチェーンステッチを刺します。
できるだけ小さな針目で丁寧に刺すと曲線がなめらかになり
繊細な雰囲気に刺し上がります。

DMC25番刺繍糸
ECRU、646

その他の材料
好みのリネン（目の細かいもの）　適宜

作り方　※p.40も併せてご参照ください
1　布端に小さく切り込みを入れ、手で裂いてリボン状にする
2　図案を写す
3　チェーンステッチを刺す

実物大図案

※刺繍糸はすべて1本どり
※指定以外すべてチェーンS

《Merci》
※色は646

フレンチノットS・1回巻き

《For you》
※色は646

《Happy Birthday》
※色はECRU

フレンチノットS・1回巻き

巾着 > p.30, 31

"Porte Bonheur"は「幸せをもたらすもの」という意味のフランス語。
p.28のメッセージリボンと同様に、小さな針目でチェーンステッチを刺します。

DMC25番刺繍糸
ECRU

その他の材料
好みのリネン（目の細かいもの）　15×40cm
好みのリボン　1.4cm幅　長さ20cm×2本

作り方 ※p.40も併せてご参照ください
1 布を裁ち、図案を写す
2 刺繍をする
3 縫い代にジグザグミシンをかける
4 中表に二つ折りにし、ひも通し口を残して脇を縫う
5 縫い代を割り、表に返す
6 袋口を折ってひも通しを縫う
7 リボンを通して結ぶ

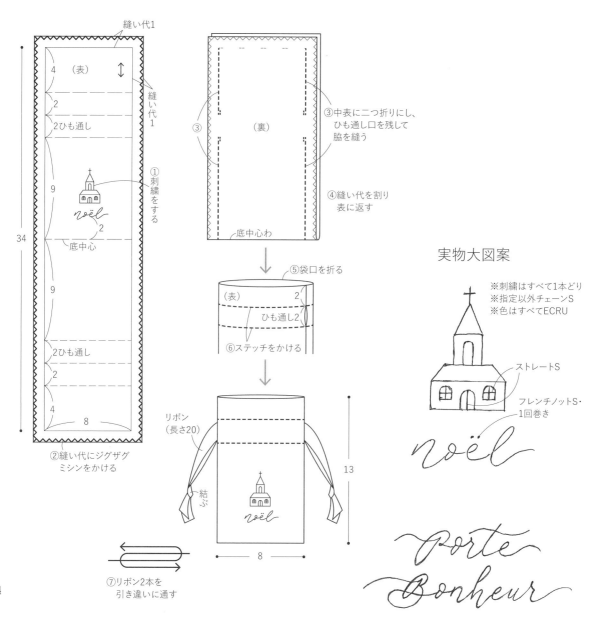

〈ブローチの仕立て方〉

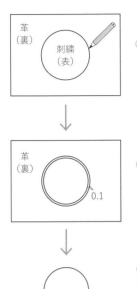

①革の裏に刺繍をのせ、印をつける

②印の0.1cm内側にカット用の線を引く
（表から見てはみ出さないよう、ひと回り小さくカットする）

③カッターまたはハサミで内側の線をカットする
※厚手の革の場合は断面に軽くやすりをかけるなどしてコバ処理をする

④25番刺繍糸3本どりで、革にブローチピンを縫いとめる

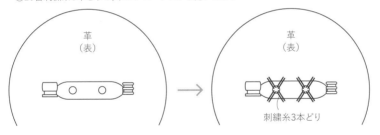

※厚手の革の場合は菱目打ちで穴をあける。
　薄手の革で針が通る場合は、そのまま縫いとめる

⑤革の裏面にボンドを塗って、刺繍の裏面と貼り合わせる
※刺繍の形をきれいに整えてから貼り合わせる

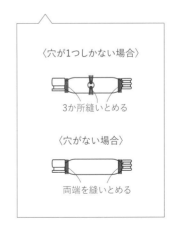

〈穴が1つしかない場合〉
3か所縫いとめる

〈穴がない場合〉
両端を縫いとめる

実物大型紙

p.8, 12, 13

カーディガン、Vネックセーター

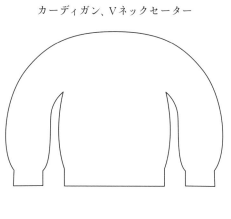

p.8, 11 ニット帽

タートルネックセーター

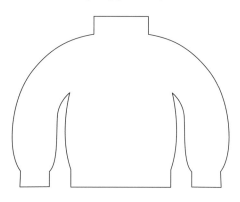

p.11

たたんだセーター

袖

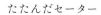

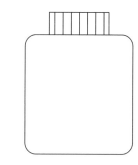

クルーネックセーター

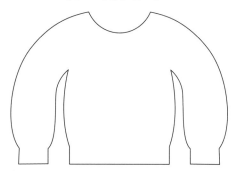

p.8-11

ミトン

実物大型紙

p.15 **クロス**　※模様の仕切り線を手描きで写しておくと刺しやすい

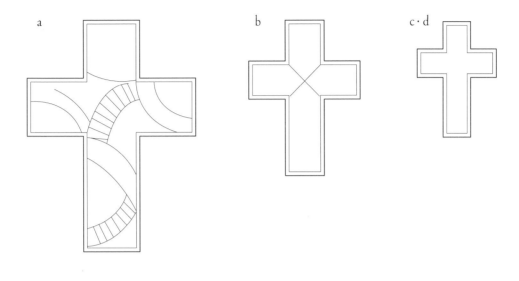

実物大図案

p.25 **おうち**

実物大型紙

p.18,19 historia ブローチ　※模様の仕切り線を手描きで写しておくと刺しやすい

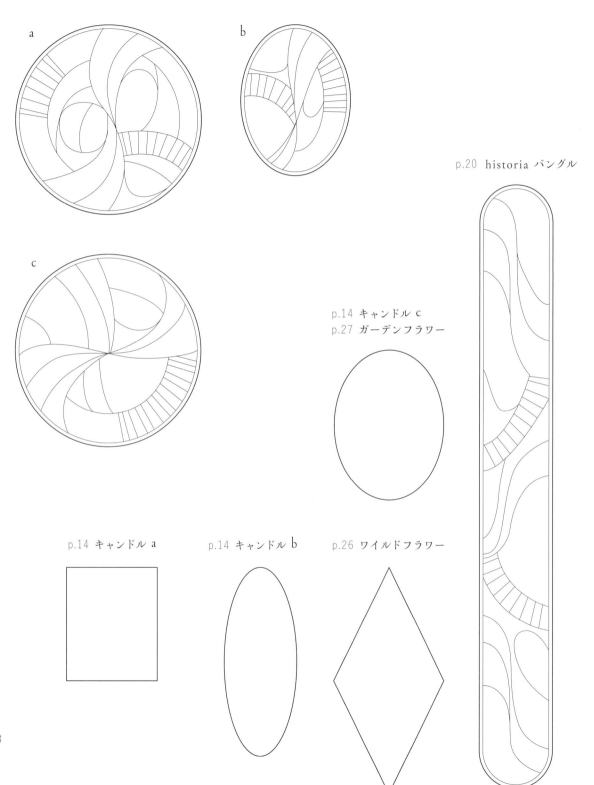

実物大型紙

p.22 麦わら帽子

ブーツ　　p.23 靴　　バレエシューズ

ハイヒール

この本に出てくるステッチの刺し方

この本では主にフェルトに刺繍をしています。
フェルトは布のように一度にすくえないので、1針1針、工程ごとに抜き刺ししながら
刺し進めます。また、より立体感を出すために、フレンチノットステッチとバリオンス
テッチは独自の刺し方をしています。p.36からのプロセスもぜひ参考にしてください。

ストレートステッチ

バックステッチ

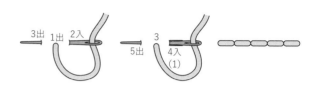

アウトラインステッチ

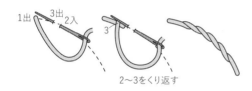

スプリットステッチ

※糸の本数が奇数の場合は、糸を割りながら刺す

チェーンステッチ

※フェルトに刺す場合はp.36参照

レイジーデイジーステッチ

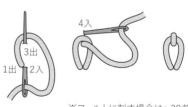

※フェルトに刺す場合はp.38参照

フレンチノットステッチ

糸を指定の巻き回数
かけながら
針先を上に向ける

変わりフレンチノットステッチ

1で出した糸の根元に針を置き、
指定の回数糸を巻く

巻いた糸の
幅分あける

バリオンステッチ

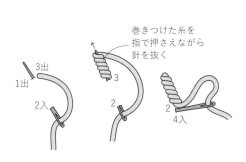

巻きかがり

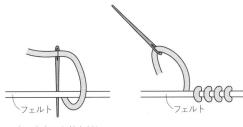

一定の方向から針を刺し、布端をくるみ込むように隙間をあけずにかがる

バリオンステッチ（フェルトに刺す場合）

①1から針を出し、刺したいステッチの長さ分をあけて2に針を入れる。糸は引かずに長めに残したまま1のそばから針を出す

②①で長めに残しておいた糸を針に指定の回数巻く

③巻きつけた糸を指で押さえながら針を抜き形を整えながら糸を引き、2のそばに針を入れる

スミルナステッチ

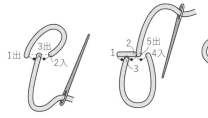 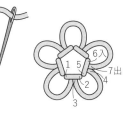 

できるだけ隙間があかないよう、すべての面を刺し埋める

高さを0.5〜0.8cmに切りそろえてポンポン状にする

ブランケットステッチ

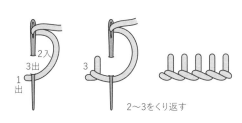

2〜3をくり返す

サテンステッチ

先端まで刺したら裏糸の中を通し残り半分の刺し始めに出す

2〜3をくり返す

ステッチの方向を決めるため幅の広いところから刺し始めると刺しやすい

芯入りサテンst.

サテンst.やチェーンst.で芯を刺した上にサテンst.を刺す

cem's embroidery
立原チエミ

2010年より、刺繍作品を制作。
糸の本数やステッチの組み合わせによる
陰影表現を楽しみながら、
物語から飛び出してきたような作品をつくりたい──と
日々、針を進めている。
オンラインショップやイベントにて作品を販売するほか、
不定期でワークショップも開催している。
Instagram @cem_broche/

‡ 刺繍糸提供
ディー・エム・シー株式会社
〒101-0035 東京都千代田区神田紺屋町13 山東ビル7F
TEL:03-5296-7831
https://www.dmc.com（オンラインストア）

‡ 撮影協力
cototoko
Instagram @kototoko5

Staff
アートディレクション　天野美保子
撮影　白井由香里
スタイリング　鈴木亜希子
トレース・編集協力　八文字則子
企画・編集・構成　梶 謡子
編集担当　石上友美

あなたに感謝しております　We are grateful.

手づくりの大好きなあなたが、
この本をお選びくださいましてありがとうございます。
内容はいかがでしたでしょうか？
本書が少しでもお役に立てば、こんなにうれしいことはありません。
日本ヴォーグ社では、手づくりを愛する方とのおつき合いを大切にし、
ご要望にお応えする商品、サービスの実現を常に目標としています。
小社および出版物について、何かお気づきの点や
ご意見がございましたら、何なりとお申し出ください。
そういうあなたに、私共は常に感謝しております。

株式会社日本ヴォーグ社　社長　瀬戸信昭
FAX 03-3383-0602

cem's embroidery
小さな刺繍のブローチ

発行日　2024年11月20日
著者　立原チエミ
発行人　瀬戸信昭
編集人　佐伯瑞代
発行所　株式会社日本ヴォーグ社
　〒164-8705　東京都中野区弥生町5-6-11
　TEL 03-3383-0640（編集）
　出版受注センター　TEL 03-3383-0650　FAX 03-3383-0680
印刷所　株式会社シナノ
Printed in Japan　Ⓒ Chiemi TACHIHARA 2024
NV70790　ISBN978-4-529-06440-8

・JCOPY <（社）出版者著作権管理機構 委託販売物>
本書（誌）の無断複製は著作権法上での例外を除き禁じられています。複製される場合は、
そのつど事前に、出版者著作権管理機構（Tel. 03-5244-5088 Fax.03-5244-5089、
e-mail: info@jcopy.or.jp）の許諾を得てください。
・万一、乱丁本、落丁本がありましたら、お取り替えいたします。
お買い求めの書店か小社出版受注センターへご連絡ください。

手づくりに関する情報を発信中
日本ヴォーグ社 公式サイト

ショッピングを楽しむ
手づくりタウン

ハンドメイドのオンラインレッスン

初回送料無料のお得なクーポンが使えます！詳しくはWebへ